AF230853

REMARQUES

HISTORIQUES ET JURIDIQUES

SUR LES

PRINCIPES DE 1789

PAR

LAMACHE

EXTRAIT DU CONTEMPORAIN DU 1er AVRIL 1876.

PARIS

IMPRIMERIE JULES LE CLERE ET Cie

RUE CASSETTE, 29.

1876

REMARQUES

HISTORIQUES ET JURIDIQUES

SUR

LES PRINCIPES DE 1789

Le titre de cet article en délimite la portée. L'auteur ne se propose ni d'écrire une dissertation théologique, pour laquelle toute compétence lui ferait défaut, ni même d'écrire une dissertation philosophique. Son intention est seulement de présenter, au sujet des principes de 1789, quelques observations historiques et juridiques, des observations qui porteront sur les faits et sur les textes plutôt que sur la valeur intrinsèque des doctrines. Ce très-modeste travail pourrait cependant n'être pas absolument dépourvu d'à-propos et d'utilité.

Les remarques dont il se composera se succéderont dans une série de paragraphes distingués par autant de numéros. De la sorte, le soin des transitions sera épargné, et chaque observation se détachera plus nettement.

I. Et d'abord quels sont les principes de 1789 ? Quelle en est l'énumération?

Je me souviens d'avoir vu, il y a quelques années, cette question comprise au nombre de celles que de jeunes aspirants au brevet d'instituteur primaire devaient résoudre dans une composition écrite. L'inspecteur d'académie qui l'avait posée, et qui aurait pu faire un choix plus heureux, se serait trouvé peut-être dans quelque embarras pour y répondre lui-même d'une façon satisfaisante. Il m'est arrivé d'adresser cette même question à des hommes instruits, qui parlaient avec animation des principes de 1789, les uns pour les glorifier sans distinction, les autres pour les anathématiser en masse, et les réponses que je reçus d'eux n'étaient ni précises ni concordantes. Bien plus, la liste qu'en donnent les publicistes dans leurs écrits, présente, de l'un à l'autre, d'assez notables différences. Aussi, que l'on me permette de glisser ici un petit conseil. Beaucoup de malentendus seraient évités, beaucoup de querelles de langue ou de plume seraient prévenues, du moins entre catholiques soumis aux enseignements de l'Église, si, dès le premier conflit excité par ces mots : *Principes de* 1789, chacune des deux parties belligérantes prenait soin d'expliquer le sens qu'elle y attache, d'énumérer et de définir les propositions qu'elle entend défendre ou attaquer. Très-souvent, cette précision suffirait pour les mettre aussitôt d'accord sur tous ou sur presque tous les articles d'un traité de paix.

Au lieu de dresser arbitrairement, sous l'influence d'opinions personnelles et préconçues, la liste des principes de 1789, on doit, ce semble, en chercher les éléments dans la célèbre Déclaration des droits de l'homme et du citoyen, promulguée le 26 décembre 1789, reproduite en tête de la constitution de 1781, et dans celles des dispositions de cette constitution, qui paraissent être des conséquences directes des droits préalablement énoncés. Or, en opérant ce relevé, on arrive à l'énumération suivante :

Souveraineté nationale.

Uniformité de législation et de régime administratif pour toute la France.

Séparation des pouvoirs, c'est-à-dire :

D'une part, séparation du pouvoir législatif et du pouvoir exécutif ;

D'autre part, séparation et indépendance réciproque de l'autorité administrative et de l'autorité judiciaire ; défense faite aux tribunaux de s'immiscer dans l'examen des actes administratifs et de juger les administrateurs pour faits relatifs à leurs fonctions, si les poursuites judiciaires n'avaient été préalablement permises par l'autorité supérieure.

Nécessité d'un vote législatif pour l'établissement de tout impôt.

Répartition des impôts entre tous les Français sans distinction, proportionnellement aux facultés de chacun.

Vote annuel, par le Corps législatif, des dépenses publiques, des impôts directs et aussi de l'impôt du sang, c'est-à-dire du contingent militaire.

« Gratuité de la justice. » Ces mots, que les plaideurs seraient tentés de prendre pour une ironie, signifiaient abolition de la vénalité des charges et suppression dès épices.

Inamovibilité de la magistrature, en ce sens, du moins, que « les juges ne peuvent être destitués que pour forfaiture dûment jugée ». Car l'Assemblée constituante n'admit pas l'institution des juges à vie.

Etablissement du jury en matière criminelle.

Inviolabilité de la propriété.

Egalité civile. Abolition des priviléges et même des titres nobiliaires.

Droit de réunion, ou « liberté aux citoyens de s'assembler paisiblement et sans armes, en satisfaisant aux lois de police ».

Liberté individuelle, consistant en ce que « nul homme ne peut être accusé, arrêté ou détenu que dans les cas déterminés par la loi et selon les formes qu'elle a prescrites ».

A la liberté individuelle on peut rattacher l'inviolabilité du domicile, la règle que « nul ne peut être distrait de ses juges naturels, » et, par conséquent, l'abolition des *évocations* et des *committimus*, la non-reconnaissance par la loi ou, en d'autres termes, l'inefficacité civile des vœux monastiques.

Liberté de l'industrie. Abolition des jurandes et des maîtrises.

Liberté des cultes. Sécularisation des actes de l'état civil.

Liberté de la presse.

Faut-il joindre à cette liste une étrange maxime contenue dans l'article 17 de la Déclaration : « La loi n'a le droit de défendre que les actions nuisibles à la société. *Tout ce qui n'est pas défendu par elle ne peut être empêché*, et nul ne peut être contraint de faire ce qu'elle n'ordonne pas. » Dangereuse manie des formules absolues ! Par application littérale de celle qui vient d'être soulignée, chacun de nous devrait laisser s'accomplir sous ses yeux, sans y mettre le moindre obstacle, les actes les plus immoraux ou les plus insensés, s'ils n'ont pas été formellement prohibés par la loi ; il devrait, par exemple, respecter scrupuleusement, chez autrui la liberté légale du suicide. C'est bien ainsi que la maxime est trop souvent comprise et appliquée dans nos campagnes. Un malheureux vient de se pendre; surviennent des passants ou des voisins à temps pour le sauver en coupant la corde ; ils se gardent bien de le faire ; ils craindraient d'avoir maille à partir avec la justice, ayant appris des fortes têtes libérales du village que « tout ce qui n'est pas défendu par la loi ne peut être empêché. » Un magistrat qui a une longue expérience m'a affirmé que, plus d'une fois, la fameuse maxime avait été donnée comme réponse aux officiers de police judiciaire qui demandaient pourquoi l'on ne s'était pas empressé de couper la corde, ce qui eût peut-être sauvé le pendu.

II. Il suffit de jeter un coup d'œil sur la liste dressée dans le précédent paragraphe, pour reconnaître qu'un bon nombre des principes de 1789 sont étrangers aux décisions par lesquelles le Saint-Siége a condamné, en tant que doctrines absolues, certaines propositions de philosophie sociale que l'on a coutume, en France, de comprendre sous cette dénomination.

III. Les principes de 1789 ne sont pas tous des nouveautés introduites par l'Assemblée constituante.

Le plus important, peut-être, au point de vue politique, est celui qui subordonne l'établissement de tout impôt, au consentement préalable des représentants des contribuables. Une assemblée élective qui tient les cordons de la bourse est bien forte, et si elle sait user de sa prérogative avec une prudente fermeté, il n'est guère de réformes qu'elle ne puisse obtenir. Or, le tutélaire et libéral principe n'a nullement été inventé par l'Assemblée constituante. Mainte fois il fut invoqué et appliqué par les états généraux de l'ancienne France. « Octroi de deniers et redressement de griefs se tiennent, » disaient nos pères. Sous Louis XI, Philippe de Comines écrivait « qu'il n'y avait ni seigneur ni roi sur terre qui eût pouvoir, outre son domaine, de mettre un denier sur ses sujets, sans octroy et consentement de ceux qui devaient payer, si ce n'est par tyrannie et violence. » (*Mémoires*, l. V, chap. XVIII.)

A la vérité, cette règle du droit public du moyen âge n'avait pas toujours été respectée par les rois, et ensuite elle fut mise en complet oubli par l'ancien régime. A défaut des états généraux qui n'étaient plus convoqués, les parlements essayèrent bien de paralyser l'exécution de certains édits bursaux par un refus d'enregistrement ; mais la royauté avait facilement raison de cette résistance dans un lit de justice ; les édits étaient enregistrés de l'expresse autorité du roi. Seuls, les pays d'états retinrent une partie de l'ancienne franchise. Le contingent de chaque pays d'états dans les contributions générales du royaume ne lui était pas *imposé* ; il était voté par l'assemblée des états de la province. Quoique ce droit de discussion et de vote eût fini par être plus nominal que réel, cependant, afin de prévenir de dangereux conflits, le contingent était ordinairement fixé par un accord amiable entre les représentants du pouvoir royal et les chefs des états. Une fois ce contingent voté par l'assemblée provinciale, elle le répartissait avec une entière liberté entre les subdivisions de la province. Ce droit de répartition, qui est exercé aujourd'hui dans chacun de nos départements par son conseil général, était alors un privilége des pays d'états. Dans les pays d'élection. beaucoup plus nombreux, le contingent provincial était purement et simplement assigné par le roi, et réparti par l'intendant. Par son décret du 17 juin 1789, l'Assemblée constituante renoua la chaîne. longtemps interrompue des traditions du moyen âge ; elle restaura et appliqua énergiquement l'antique règle, se plaisant à rappeler que « le principe qui s'oppose à toute levée de deniers de contributions dans le royaume, sans le consentement des représentants de la nation, avait été solennellement proclamé par toutes *les anciennes Assemblées nationales.* » J'aime à reproduire ces termes du décret ; ils étaient une leçon adressée d'avance par l'Assemblée constituante aux esprits singulièrement faits qui semblent se persuader que l'on grandit la France en faisant tout dater de 1789, et que le mépris des ancêtres est un acte de patriotisme.

Quoique ce principe de 1789 ait été l'un des mieux observés, lui-même ne l'a pas été constamment. Sous le premier empire, à cette époque où la ligne de démarcation qui sépare le domaine législatif de celui du pouvoir exécutif s'était presque effacée, plusieurs impôts furent établis par de simples décrets. Tel fut notamment *l'impôt universitaire,* créé par le décret du 17 mars 1808, aggravé par le décret du 17 septembre 1811. Il consistait dans le prélèvement, au profit de l'Université, du vingtième du prix de la pension pour tout élève d'un établissement d'instruction secondaire. Le vingtième du prix de la *pension* était dû même pour les élèves à demi-pension, même pour les élèves externes, même pour les élèves gratuits. La matière imposable n'était pas ici l'industrie du chef d'institution ou du maître de pension ; car ceux-ci payaient un droit de patente comme taxe de leur industrie. L'impôt universitaire n'était pas non plus le prix de l'instruction donnée par l'Université ; car il grevait même les établissements particuliers de plein exercice, où l'Université n'avait pas un professeur ; et quant aux étudiants qui allaient aux classes du collége, ils acquittaient le prix de l'instruction reçue par le payement de la *rétribution collégiale*, laquelle était parfaitement distincte de l'impôt universitaire. Celui-ci était donc un *impôt sur ledroit de s'instruire*, un tribut que la jeunesse française acquittait au profit de l'Université, pour obtenir la permission de se livrer aux études classiques. Certes, on ne s'étonne pas que les hommes les plus distingués de l'Université eussent fini par désavouer hautement cette étrange imposition, et que M. Saint-Marc Girardin eût écrit, vers la fin du règne de Louis-Philippe : « Jamais impôt ne fut plus mauvais et plus illibéral que l'impôt universitaire (1). » Les décrets du premier empire qui empiétaient sur le domaine législatif, et, par conséquent, ceux qui avaient établi des impôts furent, après le retour des Bourbons, attaqués comme inconstitutionnels. Mais la cour de cassation admit la légalité de ces décrets impériaux par une série d'arrêts, qui furent plutôt des arrêts de nécessité que des décisions strictement juridiques. L'abrogation subite de tous ces décrets impériaux, qui tenaient une si grande place dans notre législation, aurait complétement désorganisé plusieurs services publics, entre autres l'Université.

Depuis 1818, le principe dont nous parlons est efficacement garanti par un article que reproduit chaque année la loi du budget :

« Toutes contributions directes ou indirectes autres que celles autorisées par la présente loi, à quelque titre et sous quelque dénomination qu'elles se perçoivent, sont formellement interdites, à peine, contre les autorités qui les ordonneraient, contre les employés qui en confectionneraient les rôles et tarifs, et ceux qui en feraient le recouvrement, d'être poursuivis comme

(1) Article inséré dans le *Journal des Debats*, octobre 1838.

concussionnaires, sans préjudice de l'action ou répétition, pendant trois années, contre tous receveurs, percepteurs ou individus qui auraient fait la perception, et sans que, pour exercer cette action devant les tribunaux, il soit besoin d'une autorisation préalable. »

Comme on le voit, cet article a fait fléchir un principe de 89, tout nouveau, celui de l'indépendance de l'autorité administrative à l'égard de l'autorité judiciaire, pour faire respecter, en le plaçant sous la sauvegarde des tribunaux, un autre principe de 89 très-ancien, emprunté par l'Assemblée constituante au droit public du moyen âge.

Le principe de l'inviolabilité de la propriété, formulé dans l'article 17 de la Déclaration, est aussi vieux que le décalogue. Bossuet, que l'on a coutume de classer parmi les écrivains absolutistes, dans sa *Politique tirée de l'Écriture sainte*, livre destiné à l'intruction du fils de Louis XIV, rappelle à son royal élève la fin terrible d'Achab, qui avait convoité la vigne de Naboth : « Cependant, il est expressément marqué qu'Achab offrait la juste valeur du morceau de terre qu'il voulait qu'on lui cédât, et même un échange avantageux : ce qui montre combien était réputé saint et inviolable le droit de la propriété légitime, et combien l'invasion était condamnée. »

Le mérite de notre législation moderne est d'avoir confié à l'autorité judiciaire le soin de prononcer l'expropriation pour cause d'utilité publique, après vérification de l'accomplissement des formalités légales, et de lui avoir confié également le soin de fixer le montant des indemnités dues aux propriétaires expropriés. Mais ce progrès très-réel ne remonte pas jusqu'à 1789, il ne date que de 1810. Depuis 1789 jusqu'en 1810, l'expropriation avait été opérée et l'indemnité fixée par l'autorité administrative, comme cela a encore lieu pour les occupations temporaires de terrains et pour les fouilles et extractions de matériaux motivées par l'intérêt des travaux publics. De nombreuses réclamations s'étant élevées contre l'usage abusif que l'administration faisait de ses pouvoirs, Napoléon Ier y fit droit. Une note, datée de Schœnbrun, le 27 septembre 1809, écrite par lui au milieu des négociations politiques qui suivirent la bataille de Wagram, devint la base de la loi du 8 mars 1810, la première qui ait transféré l'expropriation du domaine administratif dans le domaine judiciaire. Depuis lors, il n'a appartenu qu'aux tribunaux de mettre le sceau à l'expropriation ; depuis lors, les indemnités dues aux expropriés ont été fixées par l'autorité judiciaire, savoir : depuis 1810 jusqu'en 1833, par le même tribunal qui prononçait l'expropriation, et, depuis la loi du 7 juillet 1833, par un jury spécial.

Malgré l'article 17 de la Déclaration, de profondes atteintes furent portées au droit de propriété par l'Assemblée constituante, par la législative, par la Convention. Je prends la liberté de m'en référer aux faits et aux considérations que j'ai eu antérieurement l'occasion de développer, à cet égard, dans cette même revue, livraison de juin 1875.

Tout en louant sans réserves les formalités tutélaires, dont nos lois modernes ont entouré l'expropriation pour cause d'utilité publique, on peut regretter l'usage excessivement fréquent qui est fait de cette mesure. L'*évidente nécessité* d'intérêt public qu'exigeait l'article 17 de la Déclaration, a été remplacée, dans l'article 545 du Code civil, par la simple *utilité publique* ; et la notion de l'utilité publique, qu'il était impossible au législateur de préciser par une définition rigoureuse, a reçu dans la pratique une extension croissante. Cette notion varie, en effet, selon l'état des mœurs et la disposition générale des esprits ; selon que prédominent, chez un peuple, un très-grand respect pour le droit de propriété, l'attachement au foyer des aïeux, les tendances conservatrices, ou, au contraire, le goût de la nouveauté et le désir de changements qui tourneront au profit ou à l'agrément du plus grand nombre. Aujourd'hui, nous serions tentés de qualifier de naïf le scrupule du gouvernement de la Restauration qui, en 1826, prit l'avis du conseil d'État sur la question de savoir si de simples projets d'embellissement d'une ville pouvaient motiver la déclaration d'utilité publique. Des lois spéciales (1) ont même étendu la faculté d'expropriation à des cas qui ne semblaient pas rentrer sous l'empire de la loi commune. Lorsque l'une d'elles, la loi du 28 juillet 1860, sur le reboisement des montagnes, fut présentée au Sénat, la minorité de la commission chargée de l'examiner « se refusait à inscrire dans nos codes un nouveau cas d'expropriation pour cause de non-amélioration de la propriété privée» ; elle craignait que ce ne fût ouvrir la porte aux

---

(1) Loi du 13 avril 1850 sur les logements insalubres ; loi du 12 juillet 1856 sur les sources d'eaux minérales ; loi du 28 juillet 1860 sur le reboisement des montagnes ; loi du 21 juin 1865 sur les associations syndicales.

principes « du socialisme et du communisme ». De même, lorsque la loi du 21 juin 1865, sur les associations syndicales, fut soumise au Sénat, un des membres de ce corps, M. Le Roy Saint-Arnaud, demanda que le Sénat s'opposât à la promulgation de cette loi, dont plusieurs dispositions lui paraissaient « contraires au droit de propriété, à son esprit et à son essence. » Ces critiques ne prévalurent pas ; mais elles ont signalé une tendance qui deviendrait dangereuse, si un grand nombre de pas nouveaux étaient faits dans cette voie du progrès par l'expropriation ; le droit de propriété finirait par ne plus être, sauf de particulier à particulier, que le droit à une indemnité pécuniaire de dépossession.

Est-il besoin de faire remarquer qu'en décrétant l'unité de législation et de régime administratif pour toute la France, l'Assemblée constituante ne fit qu'achever l'œuvre voulue et laborieusement préparée par l'ancienne monarchie. A la vérité, elle ne se borna pas à établir l'unité. Par la substitution des départements aux provinces, elle brisa à dessein la tradition historique ; elle s'efforça d'abolir jusqu'aux derniers vestiges des nationalités provinciales ; les noms même des nouvelles circonscriptions, beaucoup plus nombreuses et moins importantes que les provinces, furent empruntés à des configurations purement géographiques. L'Assemblée constituante se persuadait qu'en agissant de la sorte, elle relierait plus fortement les citoyens dans l'amour de la commune patrie, et qu'alors qu'il n'y aurait plus de Bretons, de Normands, de Provençaux, etc., mais seulement des Français, ceux-ci seraient meilleurs Français. On peut tenir cette conception pour chimérique et fausse, attendu que le patriotisme a pour base première un attachement vigoureux à la commune, à la province où l'on est né, aux lieux où reposent les ossements des ancêtres, et où l'on eut soi-même son berceau, aux traditions héréditaires incorporées en quelque sorte dans les objets matériels au milieu desquels on a grandi. Aussi bien le langage usuel a été plus fort que le vocabulaire légal, et je ne sache pas que le mot *Alsace* éveille moins vivement que ne feraient les expressions *départements du Bas-Rhin et du Haut-Rhin*, la pensée d'un généreux attachement à la France. Ce n'est donc pas en se plaçant à ce point de vue du patriotisme, mais c'est en se plaçant à celui des réformes législatives et économiques projetées par l'Assemblée constituante, que l'on peut justifier le morcellement des provinces en départements. Malgré la renonciation faite en principe par leurs représentants, dans la nuit du 4 août 1789, aux priviléges et aux coutumes particulières dont elles jouissaient, il eût été très-difficile, peut-être, de leur faire accepter l'uniformité de législation, surtout de faire accepter certains impôts, par celles qui en avaient été exemptes jusqu'alors, si chacune avait conservé son individualité. Au contraire, les résistances à l'application d'un droit commun, n'étaient pas à craindre de la part des nouvelles circonscriptions départementales, qui étaient sans racines dans le passé, qui n'avaient à l'origine aucune vie propre, et constituaient de simples circonscriptions territoriales et administratives, dépourvues de toute personnalité civile. Toujours est-il que l'unité de législation et de régime administratif pour toute la France ne peut pas être considérée comme une idée nouvelle, subitement éclose dans le cerveau des législateurs de 89.

L'inamovibilité de la magistrature fut consacrée par la constitution de 1791, afin de garantir, dans l'intérêt des justiciables, l'indépendance de l'autorité judiciaire que cette constitution qualifiait de troisième *pouvoir*. Mais l'inamovibilité des juges avait existé sous une autre forme avant 1789. Elle résultait alors de l'institution des fonctions de judicature à titre d'offices. Malgré les objections et les critiques très-fondées auxquelles prête le système de la vénalité et de l'hérédité des charges, l'ancienne France posséda une magistrature digne, dans son ensemble, des respects de la postérité qui ne lui ont pas fait défaut, et parmi laquelle, sur un fond commun d'intégrité, d'habitudes laborieuses, de mœurs graves, se détachent d'admirables caractères. Jadis l'inamovibilité n'était même pas le privilége exclusif de l'ordre judiciaire. Les membres de la plupart de nos anciennes juridictions administratives exerçaient également leurs fonctions à titre d'offices, tandis qu'aujourd'hui l'amovibilité est la loi ordinaire de l'ordre administratif, y compris les juridictions. Donc ce ne sont pas nos lois modernes qui ont créé l'inamovibilité ; elles en ont seulement changé la forme et restreint l'application. Deux radicales *innovations* furent introduites par l'Assemblée constituante dans l'organisation du pouvoir judiciaire, savoir l'élection des juges par le peuple et la limitation de la durée de leurs fonctions à six ans, mais elles ont été l'une et l'autre promptement condamnées par l'expérience.

L'institution du jury, dans laquelle l'Assemblée constituante vit une nouvelle application de la souveraineté populaire, et qu'elle se plut aussi à imiter de l'Angleterre, tout en la restreignant aux matières criminelles, cette institution avait été empruntée par l'Angleterre elle-même aux Normands. En France, au treizième siècle, le jury, le jugement par les pairs était une coutume générale, soit devant les cours féodales, soit devant les juridictions de bourgeoisie : c'est un point bien établi par les recherches et les travaux historiques modernes.

Les faits mentionnés dans ce paragraphe démontrent l'erreur que l'on commettrait en se persuadant que pas un des principes de 1789 ne pouvait invoquer de précédents historiques, et qu'ils furent tous une insurrection contre les anciennes maximes et coutumes de la France.

IV. Aux yeux de beaucoup de personnes, les principes de 1789 constituent une sorte d'évangile politique, inviolable et sacré, dont pas une ligne ne pourrait être ni lacérée ni modifiée. Ce seraient des principes absolus, immuables. Mais tel n'est point du tout leur caractère dans notre législation positive.

Et d'abord les termes mêmes dans lesquels plusieurs ont été formulés sont tellement élastiques, qu'ils laissent place à toutes les mesures de police, à toutes les restrictions jugées nécessaires ou utiles. Quoi de plus anodin, malgré sa solennité, que le texte de la constitution de 1791 qui « garantit, comme droit naturel et civil, la liberté aux citoyens de s'assembler paisiblement et sans armes, *en satisfaisant aux lois de police !* » Certes il n'est de nature à gêner en quoi que ce soit la confection de lois plus ou moins prohibitives des réunions ou associations. Une observation analogue s'applique à l'article 10 de la Déclaration, sur lequel se fonde la liberté de conscience : « Nul ne doit être inquiété pour ses opinions, même religieuses, *pourvu que leur manifestation ne trouble pas l'ordre public établi par la loi.* » Qui ne voit que l'on peut abriter sous cette formule des lois attentatoires aux convictions religieuses les plus respectables et aux devoirs imposés par ces convictions, telle que fut la déplorable constitution civile du clergé? Je reviendrai sur ce point dans le paragraphe X, où il sera spécialement question de la liberté de conscience et des cultes.

En second lieu, des démentis flagrants, directs, ont été donnés par notre législation aux principes de 1789. Je choisis un

exemple connu de tous, qui m'est fourni par l'Assemblée constituante elle-même, et qui s'est perpétué jusqu'à nos jours : la taxe
municipale du pain. Quoi de plus manifestement contraire au
principe de la liberté de l'industrie ? Et cependant la loi du
9 juillet 1791, qui autorise cette dérogation, est toujours en vi-
gueur. Malgré la tentative faite en 1862 par le gouvernement im-
périal pour rendre entièrement libre le commerce de la boulan-
gerie et pour amener les maires à renoncer à l'exercice de leur prérogative légale, le pain est taxé par l'autorité municipale dans la
plupart des villes de France. C'est qu'en effet dans un pays dont
les populations vivent principalement de pain, on ne pourrait,
sans d'immenses inconvénients, laisser aux boulangers la liberté
de tenir au-dessus d'un prix équitablement rémunérateur un
aliment d'un usage général et de première nécessité. Le bon
sens et les populations ont donc crié : « Arrière le principe
de la liberté de l'industrie ! » Les sociétés ne sont pas faites pour
être sacrifiées à telle ou telle théorie qu'il a plu aux philo-
sophes, aux économistes, ou même à une assemblée législative
de qualifier de principes. C'est pourquoi aussi, malgré l'article 11 de la Déclaration, qui place au nombre « des droits les
plus précieux de l'homme la libre communication des pensées
et des opinions, » malgré le texte de la constitution de 1791,
qui garantit « la liberté à tout homme de parler, d'écrire, d'imprimer ses pensées, sans que ses écrits puissent être soumis
à aucune censure ni inspection avant leur publication, » l'évi-
dent et grave péril social qui résultait de l'exercice abusif de
cette liberté, a déterminé plusieurs fois le législateur à le limiter
ou à le suspendre.

Non contente de l'abolition des anciennes prérogatives légales
des personnes ou des terres nobles, la constitution de 1791 avait
proscrit même les titres et qualifications nobiliaires, soit par la
crainte que, si on les conservait, ils ne devinssent une pierre
d'attente pour le rétablissement des priviléges effectifs qui ve-
naient d'être supprimés, soit par un amour de l'égalité poussé
jusqu'à la passion et dégénérant en un sentiment étroit et en-
vieux. On sait que depuis 1806, sauf pendant la courte durée de
la constitution de 1848, ces titres et ces dénominations ont
existé légalement en France. Ils ne confèrent plus aucune immu-
nité, aucun privilége légal, pas même le droit à une préséance
ou à une démonstration honorifique quelconque ; ils sont de

simples ornements héréditaires des noms avec lesquels ils se transmettent. En France la noblesse n'est plus que cela. Même réduits à cette valeur nominale, qui dépend uniquement de la libre opinion de chacun, les titres et qualifications nobiliaires avaient paru à l'Assemblée constituante incompatibles avec le principe d'égalité, ce qui n'empêche pas que nos lois actuelles non-seulement ne les prohibent, point mais continuent de les protéger contre les usurpations.

- Le principe du vote annuel de l'impôt du sang du contingent militaire a été abrogé par la loi du 27 juillet 1872 ; il a dû disparaître devant les nouvelles et impérieuses nécessités de notre organisation militaire.

Enfin nous avons vu le gouvernement républicain issu des événements de septembre 1870 biffer d'un trait de plume un des *immortels* principes, et cela aux applaudissements de ceux qui se donnent comme les plus chauds partisans de ces principes. Je veux parler du décret du 19 septembre 1870, qui a supprimé la *garantie constitutionnelle des agents du gouvernement*, c'est-à-dire la nécessité de faire autoriser préalablement par le gouvernement les poursuites judiciaires à exercer contre ses agents pour faits relatifs à leurs fonctions. Cette nécessité était inconnue dans l'ancienne monarchie ; les parlements traduisaient librement à leur barre, pour faits de charge, les administrateurs même du rang le plus élevé, les intendants des provinces. Ce fut l'Assemblée constituante qui introduisit la garantie. Elle la regarda comme une conséquence du principe de la séparation des pouvoirs formulé par la Déclaration, et comme un moyen nécessaire pour assurer l'indépendance de l'autorité administrative à l'égard de l'autorité judiciaire, cette indépendance à laquelle elle attachait tant de prix. Après que la garantie eut été appliquée spécialement aux officiers municipaux par l'article 61 de la loi du 14 décembre 1789, elle fut généralisée par l'article 13 du titre 2 de la loi du 24 août 1790, faisant défense aux juges, sous peine de forfaiture, de citer devant eux les administrateurs pour raison de leurs fonctions, et par le paragraphe deuxième de l'article unique de la loi du 14 octobre 1790, exigeant l'autorisation préalable du gouvernement pour les poursuites. La constitution de 1791, titre 3, chapitre 4, section 2, article 8, consacra la même règle, mais avec subordination de l'autorité royale au pouvoir législatif : elle statua que les administrateurs suspendus par le roi pourraient être, s'il y avait lieu, renvoyés devant les tribunaux criminels par le corps législatif. Formulée de nouveau par l'article 75 de la constitution de l'an VIII, qui appela le conseil d'État à délibérer sur les demandes d'autorisation, et sanctionnée par l'article 129 du code pénal, la garantie avait continué pendant quatre-vingts ans de couvrir les agents du gouvernement, sauf quelques exceptions, lorsque le bref et dictatorial décret du 19 septembre 1870 est venu l'abolir :

« Le gouvernement de la défense nationale décrète :

« Art. 1. L'article 75 de la constitution de l'an VIII est abrogé Sont également abrogées toutes les autres dispositions des lois générales ou spéciales, ayant pour objet d'entraver les poursuites dirigées contre des fonctionnaires publics de tout ordre.

« Art. 2. Il sera ultérieurement statué sur les peines civiles qu'il peut y avoir lieu d'édicter, dans l'intérêt public, contre les particuliers qui auraient dirigé des poursuites téméraires contre des fonctionnaires. »

Il eût été rationnel et conforme à l'intérêt public de promulguer la loi dont la nécessité est reconnue par l'article 2, avant de mettre à exécution l'article 1. Mais une telle loi eût demandé un mûr examen, de la réflexion, du temps. Or le nouveau gouvernement républicain avait hâte de se populariser en abolissant une garantie qui, malgré l'affectation que met le décret à ne la faire dater que de l'an VIII, était bel et bien un des principes de 1789. C'est là le seul point que j'aie tenu à constater, n'ayant à examiner ici ni les difficultés soulevées par l'application du décret, ni la jurisprudence du tribunal des conflits relative à la portée de cet acte.

V. Quoique les principes de 1789 ne soient ni absolus ni immuables, ceux d'entre eux qui ont été reproduits par nos diverses constitutions et qui, à travers tous les changements de gouvernement, se sont maintenus dans notre législation et dans nos mœurs, ne peuvent pas ne pas être regardés comme des principes fondamentaux auxquels les lois particulières sont présumées avoir voulu se conformer. Il suit de là que les questions dans lesquelles un de ces principes de notre droit public se trouve en jeu, doivent être résolues dans le sens du principe, si le texte des lois particulières ne s'y oppose pas formellement. Ainsi, malgré l'étendue des pouvoirs conférés au maire par nos lois sur la police municipale, malgré son droit incontestable de réglementer, dans l'intérêt de la tranquillité, de la sûreté, de la propreté, de la salubrité publiques, l'exercice des industries qui les compromettraient, plusieurs arrêts de cassation ont décidé qu'il ne pouvait pas supprimer cet exercice ni le concentrer aux mains d'un seul; notamment qu'un arrêté municipal conférant à un particulier ou à une compagnie le monopole des vidanges dans la commune est illégal, comme violant le principe de la liberté de l'industrie, et qu'en conséquence le juge de police doit renvoyer les contrevenants des fins de la plainte. De même il a été jugé, et bien jugé, qu'un maire n'avait pas pu légalement ordonner aux habitants de tapisser le devant de leurs maisons sur le passage d'une procession, ou de les pavoiser à l'occasion d'une fête politique. De telles injonctions sont illégales à un double titre, d'abord parce que cette ornementation des maisons ne rentre dans aucun des objets de la police municipale énumérés par nos lois, et en second lieu parce que les manifestations que le maire prétend imposer aux habitants pourraient blesser, chez tel ou tel d'entre eux, la liberté des opinions politiques ou des croyances religieuses qui, selon notre droit public, appartient légalement à chacun.

VI. Il est une manière parfaitément orthodoxe, si je ne me trompe, de comprendre la souveraineté nationale. Dieu nous a destinés à vivre en société. Le prétendu état naturel rêvé par Rousseau, l'isolement individuel et sauvage dans lequel les hommes auraient vécu jusqu'à ce qu'il leur plût d'aliéner une partie de leur indépendance par le contrat social, est une hypothèse chimérique, démentie par tous les faits connus et par les lois mêmes de notre nature. Évidemment la vie commune nous est indispensable pour que nous puissions donner satisfaction à nos besoins physiques, intellectuels, moraux. Le Créateur de l'homme a donc voulu la société. Par cela même il a voulu l'existence du pouvoir, aucune société n'étant possible sans une autorité qui puisse imposer à chacun de ses membres les sacrifices exigés par l'intérêt de tous, et qui puisse mettre la force de tous au service du droit de chacun. Ainsi le pouvoir a été établi par Dieu, et qui désobéit au pouvoir désobéit à Dieu. Cette doctrine ennoblit l'obéissance; car, s'il est humiliant pour l'homme d'obéir à son semblable, il ne l'est nullement d'obéir à Dieu. Cette doctrine fait du pouvoir nullement une propriété destinée aux jouissances du titulaire, mais un ministère qui lui est confié pour le bien, un noble *service*. L'acte suprême du pouvoir, la loi est, selon la définition de S. Thomas d'Aquin, « une disposition ou un règlement de raison, en vue du bien général, promulgué par celui qui a le soin de la communauté : *quædam rationis ordinatio ad bonum commune, ab eo qui curam communitatis habet promulgata;* » de sorte que la loi tire sa force obligatoire, non pas de la volonté capricieuse du législateur, mais de sa conformité à cette raison éternelle dont la pensée de l'homme est le pâle reflet (1). Dieu, qui est ainsi la source supérieure du pouvoir, n'en est pas la source immédiate. Il ne l'a confié à aucun homme en particulier, sauf chez les Hébreux, ni à aucune fraction de la communauté, mais à la communauté elle-même, à chaque société formant un corps de nation. Les dépositaires du pouvoir le tiennent indirectement de Dieu; ils le tiennent directement et par délégation de la société. En d'autres termes, la source immédiate du pouvoir est le consentement exprès ou tacite de la nation. Les théologiens les plus autorisés admettent, en ce sens, la souveraineté nationale (2). Quant à la théorie de l'inamissibilité absolue du pouvoir une fois délégué, on sait qu'elle ne fut ni enseignée, ni pratiquée par le moyen âge catholique; mais certes, si les conditions exigés par S. Thomas d'Aquin pour légitimer le remède extrême de l'insurrection étaient fidèlement observées, les révolutions seraient aussi rares qu'elles sont devenues fréquentes. Pour ce qui est des formes du pouvoir, monarchie ou république dans leurs nombreuses variétés, l'Eglise n'en a prescrit ni réprouvé aucune.

Aux antipodes de la doctrine chrétienne sur le pouvoir, se placent les théories ultra-révolutionnaires et socialistes qui font des volontés du peuple quelles qu'elles soient, une autorité irréfragable devant laquelle tout citoyen doit s'incliner; qui

(1) La doctrine politique de S. Thomas d'Aquin et les autres parties de sa philosophie ont été exposées avec une clarté parfaite et, si j'en crois des juges plus compétents que je ne le suis, avec exactitude par M. Charles Jourdain, membre de l'Institut, dans les deux volumes qu'il a publiés sous ce titre : *La Philosophie de S. Thomas d'Aquin.* C'est un des livres les mieux faits pour propager parmi les gens du monde la renommée et l'autorité du grand philosophe catholique et pour inspirer à quelques-uns le désir de puiser eux-mêmes à la source vive et profonde.

(2) A dessein, j'ai emprunté presque textuellement les six lignes qui précèdent à un ouvrage récent que le Saint-Père a honoré du bref le plus laudatif. *Les Lois de la Société chrétienne,* par Charles Périn, professeur de droit public à l'université catholique de Louvain.

déifient la multitude, comme autrefois on déifiait César; qui suppriment la distinction du bien et du mal devant l'omnipotence du nombre. Toute conscience honnête s'insurge immédiatement contre une telle interprétation du principe de la souveraineté nationale. En plein paganisme elle était flétrie par Cicéron : « Eh quoi! si les suffrages du peuple l'avaient ainsi décidé, le brigandage, l'adultère, les falsifications de testament deviendraient légitimes (1)! » Il n'y a pas à craindre qu'une si abjecte doctrine puisse jamais asservir complétement la France. Quand même nous serions condamnés à traverser des jours sinistres; quand même une révolution socialiste, devenue maîtresse du pouvoir, entreprendrait d'abolir la religion, la famille, la propriété; quand même la terreur courberait presque tous les fronts devant ses décrets impies, la liberté trouverait un dernier et inexpugnable asile dans les âmes fortement marquées du sceau du Christ et soutenues par les enseignements de son Eglise. D'elles on n'obtiendrait point l'adhésion par paroles ou par actes à ce qui est réprouvé par la conscience et par la loi divine. La liberté morale, sauvée par leur résistance et par leur exemple, ramènerait tôt ou tard les libertés politiques et civiles qui peuvent être utiles à une nation.

Il faut convenir que l'idée de Dieu, comme source indirecte et règle supérieure du pouvoir, n'apparaît pas dans le texte de l'article 3 de la Déclaration : « Le principe de toute souveraineté réside essentiellement dans la nation; nul corps, nul individu ne peut exercer d'autorité qui n'en émane expressément. » De plus, cet *expressément* qui termine l'article semble bien indiquer que, selon les auteurs de la Déclaration, les traditions nationales les plus constantes, la coutume la plus ancienne et la plus incontestée, ne suffisent pas à la légitimité du pouvoir; qu'il y faut une délégation formelle, datée et paraphée par une Assemblée de constituants; ou, en d'autres termes, que tout ordre social régulier doit s'appuyer sur une *constitution écrite*. Cependant le mot même *constitution* éveille dans l'esprit l'idée d'un organisme vivant qui se développe en vertu de certaines lois primordiales, tout en se modifiant insensiblement sous l'action des causes extérieures; et assurément une constitution politique coutumière, traditionnelle, correspond mieux à cette idée qu'une constitution

____

(1) *De Legibus.*

fabriquée tout d'une pièce par un homme ou par une assemblée. Les constitutions écrites ne seraient pas non plus très-robustes, si l'on en juge par le nombre de celles qui ont passé de vie à trépas sur notre sol, depuis et y compris celle de 1791. Au reste, quel sens et quelle portée faut-il attribuer à l'article 3 de la Déclaration au principe de la souveraineté nationale, pour l'interpréter selon les opinions modernes, mais opinions de gens honnêtes? C'est ce qu'il serait bien difficile de préciser, tant sont divergents les commentaires présentés par d'honorables publicistes qui tous acceptent le principe. Les faits politiques n'ont pas été moins disparates que les explications doctrinales. Pour ne citer que deux termes extrêmes, c'est chez la même nation, toujours faisant parade des principes de 1789, que l'on a vu Napoléon Ier, qui se disait héritier de la révolution, exercer un pouvoir absolu quand il lui plaisait, légalement investi d'un pouvoir immense, autorisé par une loi qui datait du consulat à nommer jusqu'aux membres des conseils généraux de département, des conseils d'arrondissement, des conseils municipaux ; et que l'on a vu plus tard la République de 1848 inaugurer le suffrage universel sans aucune condition de cens, resserrer le pouvoir exécutif dans de si étroites limites, et le soumettre même, pour ses actes les plus importants, à la tutelle d'un conseil d'État élu par le corps législatif. A la vérité, une très-importante et, à mon avis, une heureuse application du principe de la souveraineté nationale a persisté presque constamment sous des formes diverses : je veux dire la participation de la nation, par ses représentants électifs, au vote des lois qui devaient la régir et au vote des impôts. Mais, dans l'ensemble de nos institutions, quels fréquents et profonds changements! Quelle instabilité du pouvoir, tantôt usurpé par un coup d'État, tantôt renversé par une émeute qui, le soir de sa victoire, s'appelait révolution ! Plébiscite ou vote d'une Assemblée, la ratification n'a point manqué au fait accompli. Encore à l'heure présente, quoique le pouvoir législatif appartienne à une assemblée librement élue par toute la France, quoique le dépositaire du pouvoir exécutif soit personnellement entouré du respect universel, le sentiment de l'instable, du provisoire, n'est-il pas dans presque tous les esprits? En fait, depuis 1789 la France est devenue politiquement une région de sables mouvants, dans laquelle il paraît impossible de rien fonder.

VII. **Pour** établir législativement l'égalité civile, pour abolir des priviléges auxquels la noblesse elle-même avait renoncé dans la nuit du 4 août 1789, il n'était pas nécessaire d'écrire dans l'article 1er de la Déclaration : « Les hommes naissent égaux en droits. » Rien de plus faux. L'enfant de parents riches naît avec le droit de recueillir, s'il leur survit, tout ou partie de leur grande fortune ; l'enfant de parents pauvres n'a de droit héréditaire qu'à leur pauvreté. Un nouveau-né reçoit de ses aïeux un nom illustré par de glorieux services, par d'éclatantes vertus ; ce patrimoine d'honneur lui appartient de droit. Au contraire, sur un autre berceau pèse le malheur d'un nom souillé ; si l'enfant qui le porte sollicite et obtient, devenu homme, la permission de le changer, il l'obtiendra par mesure gracieuse, et non par droit légal. Démentie par les faits, par les lois de toutes les nations, la proposition énoncée dans l'article 1er est, en outre, grosse de périls. Sous le patronage de la Déclaration, l'idée d'une égalité de droits naturelle et native a fait son chemin parmi les classes pauvres ; de rudes logiciens l'ont reprise et développée : ils aspirent à la réaliser par l'abolition de tout droit héréditaire. Assurément l'Assemblée constituante ne l'entendait pas ainsi, et c'est le cas de répéter : Dangereuse manie des formules absolues !

Quant à l'égalité établie par notre législation positive, c'est-à-dire à la soumission de tous les Français, sans distinction de naissance, aux mêmes lois politiques, civiles et criminelles ; à la répartition des impôts entre tous, proportionnellement aux facultés de chacun ; à « l'admissibilité de tous aux fonctions et emplois publics, sans autre distinction que celle des talents et des vertus, » évidemment ces principes ne sont en aucune manière désavoués par la morale.

Cherche-t-on une société où l'égalité soit poussée jusqu'aux dernières limites, tout en se combinant avec une forte discipline : c'est dans les monastères qu'on la trouvera. Là, deux hommes dont l'un était peut-être, dans le monde, un millionnaire, un marquis ou un général, et l'autre un artisan ou un simple soldat, vivent côte à côte, revêtus de la même bure grossière, partageant les mêmes exercices et le même régime, échangeant le nom de frères. Là, il est parfaitement vrai que « les distinctions sociales ne sont fondées que sur l'utilité commune, » comme le veut l'article 1er de la Déclaration. Là, c'est uniquement au talent et à la vertu que les dignités sont conférées, je devrais dire *imposées,* et elles le sont ordinairement par l'élection. Une fois investi du droit ou plutôt du *devoir* de commandement, le supérieur est obéi par ses religieux plus ponctuellement qu'un colonel par ses soldats; et peut-être le moine qui vient recevoir humblement les ordres du P. abbé, était, dans le siècle, le chef de celui-ci. Quoique la société monastique ne puisse servir de type à la société civile, la première n'admettant ni le mariage ni la propriété individuelle, qui sont les bases nécessaires de la seconde, cependant l'organisation des monastères et l'organisation tout entière de l'Église nous font voir clairement que la soumission des membres d'une société aux mêmes lois, et la collation des fonctions aux plus dignes, sans distinction de naissance, ne sont rien moins que des idées anti-catholiques.

Avant 1789, lorsque l'assemblée générale du clergé répartissait et que les assemblées diocésaines sous-répartissaient entre les titulaires des bénéfices ecclésiastiques le montant des sommes nécessaires pour l'acquit des impôts que le clergé soldait au roi sous le nom de *dons gratuits,* et pour subvenir aux autres dépenses générales ou locales qui étaient à la charge de ce grand corps, non-seulement la contribution portait sur tous les bénéficiers; mais, au lieu d'être simplement proportionnelle comme le sont nos contributions publiques, elle était *progressive.* L'assemblée générale du clergé avait partagé ses contribuables en huit classes, dont la première et la plus chargée était celle des bénéfices n'exigeant pas résidence. Les autres étaient échelonnées selon les revenus des bénéfices; la contribution descendait d'une classe à l'autre, depuis le quart du revenu imposable jusqu'au vingt-quatrième. L'application de l'impôt progressif était ici parfaitement juste, parce que les titulaires des bénéfices ne les possédaient pas à titre de propriété, et qu'ils étaient censés les posséder dans l'intérêt des pauvres et de l'Église. On ne peut donc tirer de cet exemple aucun argument en faveur de la théorie de l'impôt progressif, préconisée par les écrivains radicaux, et je l'ai mentionné uniquement afin de montrer que, dans la répartition des contributions qui grevaient les biens ecclésiastiques, répartition faite par les représentants électifs du clergé, les petits revenus n'avaient certes pas à se plaindre d'être moins bien traités que les gros.

Inattaquable au point de vue de l'équité, le principe de l'égalité civile comporte, au contraire, de sérieuses objections, si on le considère au point de vue de la stabilité et de la force des Etats. Mais, quelque opinion que l'on se soit formée, à cet égard, par l'étude de l'histoire et par la comparaison de la France contemporaine avec d'autres nations, on ne peut pas ne pas voir que ce principe est devenu, en quelque sorte, partie intégrante de notre vie nationale, tant il est fortement enraciné dans les faits, dans les esprits, dans les mœurs. A moins de s'isoler et de se complaire dans la région des chimères, comment rêver le rétablissement des trois ordres et une restauration quelconque des priviléges de la noblesse? Il y a des institutions qui peuvent se maintenir par l'autorité de la coutume, malgré de notables changements survenus dans les faits sociaux qui leur avaient donné naissance, mais qu'une fois détruites on ne refait pas. Lorsque au retour des Bourbons, Louis XVIII reconnut formellement par les articles 1, 2, 3 de la charte de 1814 l'égalité des Français devant la loi, quels que fussent leurs titres et leur naissance, il se conforma tout ensemble aux intentions libérales qui avaient été déclarées par Louis XVI dès le 23 juin 1789, à un fait accompli qui persistait déjà depuis un quart de siècle, et aux invincibles exigences de l'opinion publique qui, en France, est plus ombrageuse et plus irritable sur ce point que sur nul autre.

VIII. Qui de nous n'adhère sans réserves au principe de la liberté individuelle, tout en se souvenant qu'il fut une amère dérision pendant la Terreur et que, sous le premier empire, plus d'un emprisonnement par mesure administrative ressembla fort aux lettres de cachet de l'ancien régime?

Il est remarquable que l'Assemblée constituante laissa subsister une institution qui est la négation la plus radicale, la plus absolue, de la liberté individuelle. Malgré les protestations de quelques-uns de ses membres, elle maintint l'esclavage colonial; elle maintint même les encouragements que l'Etat donnait à la traite, la prime accordée pour chaque tête de noir importée dans nos colonies. Les noirs et gens de couleur esclaves furent laissés complétement en dehors de la pompeuse Déclaration des droits de l'homme. L'Assemblée constituante se borna à conférer les droits politiques, par un décret du 15 mai 1790, non pas aux affranchis, mais seulement aux hommes de couleur nés de père et mère libres. Les blancs furent exaspérés par ce décret, qui nous semble aujourd'hui si modéré. Leur résistance armée mit les colonies en feu. Les esclaves étaient mêlés depuis trois ans, par leurs maîtres eux-mêmes, aux querelles sanglantes des deux classes d'hommes libres, ils avaient appris à se compter et à mesurer leur force, ils s'emparaient de la liberté qui leur avait été refusée, lorsque la Convention abolit l'esclavage par un décret du 16 pluviôse an II (4 février 1794). On sait qu'il fut ensuite rétabli dans nos possessions coloniales, et que seulement la traite fut prohibée en 1815. Sous Louis-Philippe, après que le gouvernement britannique, obéissant à un mouvement d'opinion très-noble et très-chrétien, qui s'était manifesté avec énergie en Angleterre, en Ecosse et en Irlande, eut aboli dans ses colonies l'odieuse institution qui fait d'un homme la propriété d'un autre homme, et qui mettait des obstacles invincibles à la formation de la famille légitime parmi les noirs, il devenait presque impossible de la conserver dans nos possessions françaises. L'esclavage fut donc condamné en théorie. Mais, pour ajourner la mesure de l'émancipation, les colons invoquaient l'état d'abrutissement de la race servile; ils demandaient qu'elle fût préparée aux bienfaits et aux dangers de la liberté ; puis, lorsque des ordonnances métropolitaines organisaient, dans ce but, des moyens d'instruction et de moralisation, leur application était paralysée dans les colonies par le mauvais vouloir des blancs et des autorités locales, de sorte que l'objection dilatoire pouvait s'éterniser. Nous ne sommes sortis de ce cercle vicieux que par le décret d'affranchissement du 27 avril 1848. A mon avis, on doit pardonner à la précédente République bon nombre de ses fautes et de ses erreurs, pour avoir fait cesser ce scandale de l'esclavage sur des terres françaises et chrétiennes.

IX. Personne n'attaque aujourd'hui le principe de la liberté de l'industrie. Sans doute on ne peut pas ne pas voir, à côté du développement de la richesse publique qui est résulté de son application, les très-graves inconvénients de l'état de choses actuel, notamment la dépopulation croissante de nos campagnes à laquelle aucun obstacle n'est plus mis par l'organisation de l'industrie urbaine, et surtout le péril social produit par l'isolement et l'antagonisme des ouvriers et des patrons. Aussi les efforts tentés par les fondateurs de l'œuvre des cercles catholiques d'ouvriers pour conjurer ce péril au moyen de l'association volontaire

et chrétienne, méritent les sympathies de quiconque n'est pas
aveuglé par des préjugés antireligieux. Mais, malgré le mélange
de mal et de bien que présente la constitution actuelle de l'industrie et du travail, qui songe à les replacer sous le régime de
l'association forcée, sous le régime des maîtrises et des jurandes,
combinaison de priviléges et de servitudes? Qui s'aviserait de de-
mander que l'exercice de tel genre de commerce, de tel métier, fût,
dans chaque ville, concentré aux mains d'un nombre déterminé
de bourgeois ou d'artisans, d'une part possédant le monopole de
leur profession, d'une autre part obligés de payer une forte somme
à l'État et à la corporation pour prix de leurs lettres de maîtrise,
et ne pouvant pas, malgré ces lettres de maîtrise, transférer, s'ils
le jugeaient convenable, leur industrie de Paris à Rouen (1)? Une
telle pensée n'a été répudiée dans aucun écrit, avec un plus éner-
gique bon sens, que dans la Revue publiée sous le patronage et
par les soins des catholiques zélés dont je viens de parler (2).

X. Il n'entre pas dans le plan de ce travail d'examiner s'il
serait possible, en l'état actuel des opinions et des mœurs,
d'imprimer à nos lois un caractère plus chrétien, quoique cette
question de fait, de possibilité, d'opportunité, pût être discutée
librement par le catholique le plus docile aux enseignements de
l'Eglise. Je me bornerai à constater premièrement que l'on mé-
connaît notre législation en l'accusant d'être devenue athée et
matérialiste, depuis 1789; secondement qu'elle n'érige point en
principe absolu la liberté de conscience et des cultes.

Dans la Déclaration des droits, l'Assemblée constituante com-
mence par se placer « en présence et sous les auspices de l'Être
suprême. » A moins de voir dans ces mots un *non-sens*, délibéré
et voté solennellement par l'Assemblée constituante, on est forcé
d'y reconnaître un acte d'adhésion nationale, législative, à l'existence d'un Dieu souverainement juste et puissant, qui a l'œil
ouvert sur les sociétés humaines, et qui est la source première
d'où émanent le droit et la justice. A la suite de nos récents et
prodigieux désastres, cette même foi en Dieu s'est manifestée
d'une manière plus explicite, touchante autant que noble, dans

(1) Rouen était une des villes où les corporations d'arts et métiers avaient le
droit de s'opposer à l'établissement de *maîtres* venant du dehors.
(2) L'*Association catholique*, revue des questions sociales et ouvrières, livraison
de janvier 1876, p. 30.

la loi du 16 mai 1871 : « L'Assemblée nationale, profondémen émue des malheurs de la patrie, décrète : Des prières publiques seront demandées dans toute la France pour supplier Dieu d'apaiser nos discordes civiles et de mettre un terme aux maux qui nous affligent. » On sait qu'une loi plus récente, la loi constitutionnelle du 16 juillet 1875, a disposé par son article 1er : « Le dimanche qui suivra la rentrée des Chambres, des prières publiques seront adressées à Dieu dans les églises et dans les temples pour appeler son secours sur les travaux des Assemblées. »

Le serment est un acte essentiellement religieux : l'usage du serment a été retenu par nos lois. Notamment l'article 312 du code d'instruction criminelle veut que le président de la cour d'assises, debout et découvert, rappelant aux jurés leurs devoirs, leur fasse prêter la promesse sacramentelle de les remplir fidèlement : « Vous *jurez* et promettez, *devant Dieu* et devant les hommes...., » et chacun des jurés, appelé individuellement par le président, doit répondre, en levant la main : *Je le jure;* à peine de nullité.

L'article 360 du code pénal punit d'une amende et d'un emprisonnement correctionnels le simple fait de violation de sépulture, abstraction faite de tout autre crime ou délit. Sauf différence dans la pénalité, la même disposition se retrouve dans toutes les législations. N'est-elle pas un acte de foi implicite à l'existence d'un monde ultra-terrestre dans lequel l'âme continue de vivre? Quoi de plus irrationnel, en effet, que ce religieux respect pour les corps des défunts, si l'homme périssait tout entier au moment où sa machine physique se détraque; si ses restes mortels, au lieu d'être en quelque sorte les ruines d'un temple qu'habita un hôte immortel rappelé par Dieu, n'étaient qu'un débris hideux et infect, intéressant exclusivement le service de la salubrité publique?

Supposez qu'une déclaration à l'effet d'ouvrir une école libre fût faite par un homme, d'ailleurs probe et d'une conduite régulière, qui annoncerait officiellement son intention de prendre l'athéisme pour base de l'enseignement à donner à ses élèves en matière religieuse : incontestablement opposition serait faite, *dans l'intérêt des mœurs,* à l'ouverture de cette école, et il ne se trouverait pas en France un conseil départemental de l'instruction publique qui hésitât à valider cette opposition. Bien loin de permettre que l'athéisme soit enseigné aux enfants, la loi du 15 mars 1850 n'admet pas que l'instruction religieuse puisse être retranchée de l'école primaire, comme une plante parasite; son article 32 place « l'instruction morale et religieuse » au premier rang des objets que comprend l'enseignement primaire, sans distinction des écoles libres et des écoles communales.

L'article 8 de la loi du 17 mai 1819 sur la répression des délits commis par la voie de la presse, punit « tout outrage à la morale publique et religieuse. » Dans la discussion législative à laquelle cet article donna lieu, M. de Serre, garde des sceaux, et M. Royer-Collard demandaient que le mot *religieuse* fût supprimé comme inutile, *morale publique* impliquant nécessairement *morale religieuse*. « Le sentiment religieux, disait M. Royer-Collard, est le principe des devoirs réciproques et la sanction de la morale publique ; il ne peut pas être outragé sans que celle-ci le soit en même temps. »

La simultanéité des attaques dirigées par les ennemis les plus énergiques de l'ordre social contre la propriété, la famille, la religion, ont mis en évidence la solidarité qui unit ces trois grands intérêts sociaux. Ce n'est pas contre un danger chimérique que la loi du 14 mars 1872 s'est efforcée de prémunir la France, en disposant par son article 1er : « Toute association internationale qui, sous quelque dénomination que ce soit et notamment sous celle d'association internationale des travailleurs, aura pour but de provoquer à la suspension du travail, à l'abolition du droit de propriété, de la famille, de la patrie, de *la religion et du libre exercice des cultes*, constituera, par le seul fait de son existence et de ses ramifications sur le territoire français, un attentat contre la paix publique. »

J'ignore ce que nous réserve un avenir peut-être prochain J'ignore si l'on n'essayera pas d'extirper de nos lois ce qu'elles ont retenu des traditions religieuses de nos pères, et même ce qu'elles ont emprunté aux doctrines simplement spiritualistes. Royer-Collard est une autorité bien surannée pour les partisans de la *morale indépendante*. Nous voyons attaquer avec une audace croissante les vérités les plus élémentaires comme les plus indispensables aux sociétés : le libre arbitre, l'immortalité de l'âme, la vie présente considérée comme une épreuve, comme un moyen de perfectionnement moral et de mérites, et, au terme de cette épreuve, Dieu faisant à chaque homme justice complète. L'article 8 de la loi du 17 mai 1819 ne peut plus être mis en action que timidement, avec une circonspection extrême. Le système de l'instruction *laïque et obligatoire*, et l'application qu'en feraient ceux qui l'auraient introduit dans nos lois, menacent les pères de famille religieux d'une servitude douloureuse qui les atteindrait dans ce qu'ils ont de plus cher au monde. Oui, l'avenir peut sembler inquiétant ; mais il reste vrai de dire qu'en son état actuel notre législation n'est ni athée ni matérialiste. Elle ne place point sur le pied de l'égalité la vérité et l'erreur, quelles qu'elles soient. Elle reconnaît qu'une société ne peut vivre sans un *fonds commun* de notions morales et religieuses, dernier fondement sur lequel tout repose, et qui doit être protégé contre les attaques publiques et scandaleuses. En effet, ce fondement ôté, que resterait-il ? Les intérêts matériels. Mais les biens physiques, limités par leur nature, sont un objet d'ardentes compétitions et de convoitises rivales qui ne peuvent toutes être satisfaites, qui, cependant, voudront absolument l'être et l'être à bref délai, si la vie présente est tout. Par conséquent, les intérêts matériels ne peuvent pas être un lien suffisant pour maintenir les sociétés ; bien loin de là, s'ils n'étaient pas subordonnés à des intérêts d'un ordre supérieur, ils deviendraient fatalement un élément de jalousies haineuses et de discordes sanglantes. Puissions-nous ne pas en faire l'expérience !

En France, comme dans la plupart des États modernes, le *fonds commun* dont je viens de parler se réduit à peu près au déisme, imprégné de morale évangélique ; cependant la religion qui a fait la France et qui bénit encore le berceau, le mariage, la tombe de la plupart des Français, ne peut pas être et n'est pas complétement absente de nos lois. Les articles du décret du 24 messidor an XII, relatifs aux honneurs militaires à rendre au Saint-Sacrement, continuent de recevoir leur exécution. On peut, en un sens, qualifier de catholique la loi de 1816 qui a aboli le divorce ; car, encore bien que l'indissolubilité du lien conjugal, consacrée par l'Evangile, dût être respectée, ce semble, par toutes les communions chrétiennes, et que, d'une autre part, des raisons indépendantes du dogme suffisent pour la justifier pleinement, cependant elle ne s'est pas maintenue dans les pays protestants, et probablement elle disparaîtrait de nos lois si le catholicisme, perdant tout son empire sur les âmes, ne pouvait plus venir en aide à l'intérêt de la famille, contre lequel se coalisent les passions, l'inconstance naturelle du cœur humain, les romans et le théâtre. La construction de l'église du Sacré-Cœur, qui est tout ensemble un monument de patriotisme et une œuvre de foi religieuse, n'a pu être entreprise que grâce à la loi du 24 juillet 1873 qui a mis, dans ce but, l'expropriation pour cause d'utilité publique à la disposition de l'archevêché de Paris. Une loi non pas spécialement catholique, mais chrétienne, la loi du 18 novembre 1814, sans pénétrer dans le domicile privé du citoyen, prohibe les atteintes publiques à la grande institution religieuse et sociale du repos dominical, et par là même elle protége la liberté de conscience et des cultes dans sa meilleure application, comme dans la personne de ceux qui ont le plus besoin d'être protégés ; car, dans une localité où boutiques, ateliers, chantiers fonctionnent le dimanche, ce jour-là les ouvriers chrétiens se voient trop souvent asservis au travail sous peine d'expulsion et de famine. Quoique cette loi de 1814 ne soit nullement abrogée, ainsi que l'a jugé mainte fois la cour de cassation, dans un grand nombre de communes elle semble être nulle et non avenue. En cette occasion comme en plusieurs autres, ce n'est pas à la loi qu'il faut s'en prendre, mais à ceux qui ont mission de la faire exécuter, ou plutôt à nos mœurs moins bonnes que la loi et qui, peut-être, n'en comporteraient pas la complète et générale exécution.

J'ai déjà fait remarquer, dans le paragraphe IV, qu'aux termes mêmes de l'article 10 de la Déclaration, sur lequel se fonde le principe moderne de la liberté de conscience, « les opinions religieuses, » dès qu'elles franchissent le cercle de la vie privée, peuvent être réprimées par la loi « si leur manifestation trouble l'ordre qu'elle a établi. » Ainsi, bien loin d'autoriser une liberté religieuse illimitée, la Déclaration autorise un nombre indéfini de restrictions légales pour motif ou sous prétexte d'ordre public ; et, à cet égard, les catholiques ont lieu de se féliciter que la liberté religieuse soit entrée plus avant dans nos mœurs que dans nos lois : sans quoi l'indépendance de leur culte serait singulièrement entravée par l'application de divers articles du code pénal (notamment art. 204 et 207) qui restent à l'état de lettre morte ou, du moins, de textes purement comminatoires. De même, quoique le titre Iᵉʳ de la constitution de 1791 « garantisse, comme droit naturel et civil, la liberté à tout homme de professer le culte auquel il est attaché, » il s'en faut de beaucoup que les sectateurs d'un culte quelconque puissent librement se réunir dans des édifices religieux construits à cet effet, pour célébrer leurs rites en commun, pour entendre en commun la parole de leurs ministres. Cette faculté n'appartient de droit qu'aux quatre cultes reconnus par l'Etat : culte catholique, culte réformé ou calviniste, culte de la confession d'Augsbourg ou luthérien, culte israélite. Les sectateurs d'un autre culte, même chrétien ou se donnant comme tel, ne peuvent se réunir pour la célébration dudit culte qu'après s'être munis d'une autorisation préalable, discrétionnaire, toujours révocable à la volonté du gouvernement. (Arrêts de cassation du 19 août 1830 et du 22 juillet 1837; décret du 19 mars 1859). Ainsi le droit permanent de cité, le droit légal de public exercice n'est possédé que par quatre cultes, dont l'un, contemporain des origines de la France, est encore celui de la majorité des Français; dont les trois autres existent d'ancienne date dans le pays, y sont parfaitement connus, de sorte que la société sait à qui elle a affaire, et comptent chacun un nombre considérable d'adhérents parmi nos compatriotes. Il est clair qu'en cette matière notre législation s'est basée sur les faits historiques, sur les réalités existantes, plutôt que sur un principe abstrait.

Le principe de la liberté de conscience et des cultes et le principe de l'égalité civile sont, en tant que principes absolus, parfaitement incompatibles l'un avec l'autre. Au nom de la liberté religieuse, chacun doit pouvoir faire ce qui lui est prescrit, conseillé ou permis par sa religion : le mahométan pratiquer la polygamie, le juif user du divorce et épouser librement la veuve de son frère décédé sans enfants. Mais notre civilisation est chrétienne par le fond; en répudiant complétement ce caractère, elle se suiciderait; nous ne pouvons ni ne devons, pour complaire au Koran ou au Talmud, la laisser envahir et dénaturer par les coutumes mahométanes ou juives. Aussi nos lois ont posé une barrière.

Les mahométans et les juifs indigènes de l'Algérie sont Français, cette qualité leur a été formellement reconnue par le sénatusconsulte du 14 juillet 1865. Nous avons dû ne pas violenter les traditions, les mœurs de ces populations, et, en conséquence, leur loi religieuse est restée, à beaucoup d'égards, leur loi civile, comme elle l'était avant la conquête. Le mahométan peut donc se prévaloir du Koran pour pratiquer le polygamie et la répudiation ; oui, mais alors il reste dans une condition légale inférieure à celle des autres Français, il est simplement Français et non citoyen français. S'il veut faire cesser les incapacités qui pèsent sur lui, s'il aspire à l'égalité civile, la première condition qui lui est imposée pour l'obtenir est de déclarer officiellement devant l'autorité française « qu'il entend être régi par les lois civiles et politiques de la France » (art. 1 du sénatusconsulte du 14 juillet 1865 et art. 2 du décret du 24 octobre 1870). Il ne peut arriver à l'égalité civile qu'en abdiquant une partie de sa liberté religieuse, en renonçant à user de celles des dispositions du Koran qui sont inconciliables avec notre législation. Le sénatusconsulte de 1865 appliquait une règle analogue aux israélites indigènes, et lorsque le décret du 24 octobre 1870 fit des citoyens français de tous les juifs algériens, ce fut en leur imposant à tous le droit commun de la France : « Les Israélites indigènes des départements de l'Algérie sont déclarés citoyens français ; en conséquence leur statut réel et leur statut personnel seront, à compter de la promulgation du présent décret, réglés par la loi française, tous droits acquis jusqu'à ce jour restant inviolables. » Singulièrement blessant pour les Arabes et les Kabyles qu'il plaçait au-dessous des juifs indigènes, ce décret dut contrister, d'une autre part, ceux des coreligionnaire algériens de M. Crémieux qui étaient attachés à leurs anciennes coutumes religieuses et sociales ; ni la prudence politique ni l'intérêt de la liberté religieuse ne conseillaient, ce semble, de substituer une mesure générale et forcée aux demandes et aux décisions individuelles qui étaient usitées auparavant ; mais, dans l'un comme dans l'autre mode de procéder, la liberté religieuse a dû nécessairement faire les frais de l'égalité civile, l'une a perdu ce que l'autre a gagné.

Une contrainte indirecte, exercée au profit du culte dominant, résultait jadis, en France, des inégalités politiques et civiles qui pesaient sur les protestants. Déjà Louis XVI avait aboli la plus intolérable partie de ce système, en accordant aux protestants, par l'édit du 17 novembre 1787, les moyens réguliers « de faire constater leurs naissances, leurs mariages et leurs morts, afin de jouir, comme ses autres sujets, des effets naturels qui en résultent. » Complétant l'œuvre de Louis XVI, et voulant faire disparaître, si possible était, jusqu'au souvenir des anciennes haines et guerres de religion, l'Assemblée constituante, par son décret du 24 décembre 1789, déclara les protestants capables de toutes les fonctions politiques, civiles et militaires. Cette disposition s'est maintenue invariablement dans nos lois, et elle ne reçut aucune atteinte de l'art. 6 de la charte de 1814 qui déclarait la religion catholique religion de l'Etat, de sorte que depuis 1789 nos compatriotes protestants sont en possession légale et incontestée de l'égalité civile. L'admission des israélites de France à cette égalité souffrit, au contraire, les mêmes difficultés qui se sont reproduites plus tard en Algérie, et elle fut subordonnée à la même condition. Aux termes du décret du 27 novembre 1791, ils purent acquérir la qualité de citoyen en prêtant le serment civique : « Serment civique qui sera regardé, disait le décret, comme une renonciation à tous priviléges et exceptions introduits précédemment en leur faveur. » Cette prestation de serment équivalait donc pour chaque israélite à une déclaration par laquelle il renonçait aux particularités de sa loi religieuse incompatibles avec la loi française. L'assimiliation légale des israélites aux autres Français ne devint générale et définitive qu'après qu'une déclaration analogue eût été faite au nom de tous par une grande assemblée de notables et de rabbins convoqués à Paris par Napoléon Ier. Elle résolut, dans un sens conforme aux intentions de l'empereur, une série de questions qui lui avaient été posées par le gouvernement, et ces questions furent ensuite converties en décisions doctrinales par le grand sanhédrin. L'acte émané, le 2 mars 1807, de cette réunion de docteurs de la loi, est un document très-intéressant. Il y est traité du mariage, de la polygamie, de la répudiation, de l'esprit de sociabilité et de fraternité dont les israélites doivent être animés à l'égard de tous les adorateurs de l'Eternel, quelles que soient les croyances particulières de ceux-ci, des motifs qui éloignaient habituellement les israélites de l'agriculture et des autres professions utiles, du prêt à intérêt, soit entre israélites, soit entre israélites et non israélites, des obligations des israélites comme membres de l'État auxquels ils appartiennent; le grand sanhédrin y condamne, au nom de la sainte Ecriture, des sentiments et des habitudes regrettables que l'on reprochait aux juifs, et qui, s'ils existaient, ne devaient être imputés qu'à la situation difficile et avilissante où cette race persécutée avait été longtemps retenue; les dispositions de la loi de Moïse inconciliables avec la loi française sont présentées comme étant, non pas des dispositions religieuses, indépendantes des temps et des lieux, mais des dispositions politiques qui étaient destinées à régir le peuple d'Israël dans la Palestine, lorsqu'il avait ses rois, ses pontifes, ses magistrats, et qui ont cessé d'être

applicables depuis qu'il ne forme plus un corps de nation ; fina-
lement le grand sanhédrin impose aux israélites de France,
comme devoir moral et religieux, l'obligation d'obéir aux lois
françaises et de se conformer en tout aux dispositions du code civil.
C'est cette religion juive, réformée, modernisée, francisée, qui a
été admise à la plénitude des droits de cité. Ainsi, dans la France
continentale comme dans l'Algérie française, les impérieuses et
légitimes exigences de la civilisation chrétienne ont forcé le
législateur moderne de limiter, l'un par l'autre, le principe de
l'égalité civile et le principe de la liberté de conscience, et des
cultes.

XI. Dans un article publié par *le Contemporain*, le 1er août 1873,
sous le titre : *Des recours en justice contre les actes de gouvernement*, j'ai constaté que, selon une jurisprudence à laquelle je
n'ai pas épargné les critiques, mais qui trouve peu de contra-
dicteurs et qui prévaut dans la pratique, aucun recours juridique
n'est admis contre les mesures de haute administration destinées
à protéger le gouvernement établi contre un danger réel ou
imaginaire dont il se croit menacé, et ordonnées par lui. Le droit
lésé par une mesure de ce genre, fût-ce un de ces droits que la
célèbre Déclaration a nominativement et solennellement con-
sacrés, droit de propriété, liberté individuelle, présente vainement ses doléances soit aux tribunaux de l'ordre judiciaire,
soit au conseil d'Etat, tribunal administratif ; vainement il essaye
d'obtenir d'eux une simple réparation pécuniaire, des
dommages-intérêts. Et les tribunaux judiciaires, et le conseil
d'Etat l'éconduisent immédiatement, se déclarant incompétents
pour connaître des conséquences d'un *acte politique*, d'un *acte
de gouvernement* ; ils renvoient le plaignant se pourvoir, comme
il avisera, devant le gouvernement lui-même, devant les auteurs
de l'acte dont il se plaint. Permettre aux tribunaux ou à une juri-
diction administrative de statuer sur des actes de gouvernement,
ce serait, a-t-on dit, *déposer la couronne au greffe*. Si la formule
n'est pas républicaine, la République n'en a pas moins approprié
à son usage la jurisprudence qui avait été suivie, en cette matière,
sous l'empire et sous la royauté constitutionnelle. Il y a donc des
cas, en France, où le droit violé ne peut trouver de tribunal qui
examine ses griefs et lui fasse justice. Sur quoi s'appuie cette
jurisprudence aussi peu libérale que possible ? Elle invoque le

principe de la séparation des pouvoirs, ce principe que Montesquieu et l'Assemblée constituante préconisèrent comme éminemment favorable aux libertés publiques. Voilà une des conséquences qu'on lui a fait produire! Ce fait devrait suffire pour tempérer l'enthousiasme de ceux qui vantent sans cesse les garanties sociales résultant des principes de 1789.

Entre l'espèce de culte superstitieux dont les principes de 1789 paraissent être l'objet pour un grand nombre de personnes, et le parti pris de réprobation que l'on remarque chez quelques autres, il y a un moyen terme à garder; il y a des distinctions à faire; surtout il convient de distinguer, relativement à plusieurs de ces principes, le caractère absolu qui semble leur être attribué par certains publicistes ou même par les formules dont se servit l'Assemblée constituante, et la valeur effective qui résulte de leur mise en œuvre par les lois d'application. Dans le travail qui vient d'être présenté aux lecteurs du *Contemporain*, mon but unique a été de leur faciliter cet examen, de leur fournir les éléments d'une appréciation raisonnée, laissant, d'ailleurs, à chacun le soin de tirer les conclusions des faits.

(7857) — PARIS. IMP. JULES LE CLERE ET Cie, RUE CASSETTE, 29.

BUREAUX ET ADMINISTRATION : RUE DE LILLE, 19.

LE CONTEMPORAIN

REVUE CATHOLIQUE

PARIS ET DEPARTEMENTS. Un an. . . . **25** francs.
        "   "   Six mois. . . **15** francs.
ETRANGER. . . . . **30** francs.

Un numéro : 3 francs.

SOMMAIRE DE LA LIVRAISON DU 1er AVRIL 1876.

I. Massillon, 2e partie (suite), par Mme de Marcey. — II. Patrie et dévouement, nouvelle (fin), par Etienne Marcel.— III. Les Origines de l'Université de Paris et son organisation aux XIIe et XIIIe siecles (suite), par l'abbé P. Feret. — IV. Un grand seigneur féodal dans la Moyenne-Egypte dix siecles environ avant Moïse, par E. Ledrain, de l'Oratoire — V. Remarques historiques et juridiques sur les principes de 1789, par Lamache — VI. Etudes sur les hommes de la Révolution. Jerôme Pétion, par Georges Michel — VII. Revue dramatique, par Adolphe d'Avril.— VIII. Courrier des Œuvres, par René de Saint-Mauris.— IX. Mélanges et critique.— X. Chronique du mois, par F. Levé — XI. Bulletin bibliographique.

LE

MESSAGER DE LA SEMAINE

JOURNAL DE TOUT LE MONDE

PUBLIÉ

Sous le patronage de M. le Vicomte DE MELUN

Publication spécialement approuvée par S. G. Mgr l'évêque d'Orléans.

Ce journal, illustré de charmantes gravures, paraît tous les Samedis

L'abonnement part du 1er de chaque mois.

PARIS ET DEPARTEMENTS : Un an . . . . . 8 francs.

PARIS. — IMPRIMERIE JULES LE CLERE ET Cie, RUE CASSETTE, 29

www.ingramcontent.com/pod-product-compliance
Lightning Source LLC
Chambersburg PA
CBHW061127050726
47594CB00005B/2133